国宝有画说

汉画像石里的历史故事

周凡舒 编绘

河南美术出版社

·郑州·

图书在版编目（CIP）数据

汉画像石里的历史故事 / 周凡舒编绘 . — 郑州：河南美术出版社，2024.1

（国宝有画说）

ISBN 978-7-5401-6345-7

Ⅰ . ①汉… Ⅱ . ①周… Ⅲ . ①画像石 – 研究 – 中国 – 汉代 Ⅳ . ① K879.424

中国国家版本馆 CIP 数据核字 (2023) 第 205903 号

国宝有画说

汉画像石里的历史故事

周凡舒 编绘

出 版 人　王广照
责任编辑　董慧敏
责任校对　裴阳月
学术顾问　朱存明
装帧设计　周凡舒
制　　版　杨慧芳
发　　行　河南美术出版社
地　　址　郑州市郑东新区祥盛街 27 号
电　　话　（0371）65788152
邮政编码　450016
印　　刷　河南瑞之光印刷股份有限公司
开　　本　889mm × 1194mm 16 开
印　　张　6.25
字　　数　62.5 千字
版　　次　2024 年 1 月第 1 版
印　　次　2024 年 1 月第 1 次印刷
书　　号　ISBN 978-7-5401-6345-7
定　　价　88.00 元

序言

汉画像是一部绣像的汉代史，其"深沉雄大"的艺术气势，是中华民族艺术精神的集中体现。它不仅描绘了汉代生活的丰富多彩，记录了汉代与汉以前的神话传说，而且保存了汉代流传的许多故事。

在文化的传播与传承中，故事是最流行的艺术形式。而汉画像石中的故事是汉民族文化精神的直接呈现。

汉画像石中的故事往往取材于先秦时期的儒家典籍。其中，有的故事虽然随着历史的发展失去了其价值，但更多的则融入了成语与典故之中，其蕴含的智慧与哲理在今天仍然发挥着重要的作用。

故事当然必须是有情节的，但是汉画像石中的故事往往是通过图像表现的。图像只选取情节的一个顷刻点来展现，影响了人们的认知。这本书把汉画像石里的历史故事图像与文字记载进行了艺术加工，使这一古老的故事形式与文字的陈述相结合，更好地发挥了讲故事的功能。

汉画像石中的故事很多，该书选取的这些圣贤与帝王为百姓造福的记述，历史上忠勇诚信的传说，讲究仁、义、礼、智、信的美谈，今天看起来还是很有现实意义的。当然，该书也选取了揭露恶人罪行的故事，目的就是"恶以诚世，善以示后"。

朱存明

（江苏师范大学文学院教授，中国汉画学会副会长）

目录

恶以诫世

以史为镜

附录——汉画小课堂

我想告诉大家，刻在这里的文字，不要被忽视啊！

圣贤与帝王

汉画像石上所刻画的故事中有睿智的圣贤、善于权谋的帝王、有勇有谋的将士，以及不怕牺牲的英雄，这些故事中蕴含着无数先人们的经验与智慧。

这些鲜活的历史人物，为我们上演了一场场人生大戏，我们可以从故事中借鉴他们的人生经验和方法，来应对我们自己生活中所面临的困难或挫折。

让我们走进历史故事，一起感受当时的万丈豪情吧！

汉画像石

大禹治水

上古时期，洪水泛滥，尧命鲧（gǔn）去治水，但是治理了 9 年都没有成功。

后来尧去世，便把帝位禅让给了舜。

尧　舜

舜又命鲧的儿子——去治水。

大禹

禅让

禅（shàn）让是远古部落联盟推选首领的制度。一般是统治者把部落首领之位让给有才华、有能力的人，让贤能的人统治国家。

尧舜禅让
徐州汉画像石艺术馆藏

不同于父亲鲧的以"堵"治水，大禹采用了疏导法。

大禹为了治水，每天奔波劳累。

治水过程中，大禹曾三次路过家门，却都没有时间回家。

经过 13 年的努力，
大禹终于治水成功。

大禹治水有功，
我要把帝位传给他。

也正是因为大禹治水有功，并且
德行出众，舜在年老时，把帝位禅让
给了大禹。

尧

舜

大禹

大禹建立了中国历史上第一个朝代——夏朝。

大禹治水
徐州汉画像石艺术馆藏

鲧

大禹的妈妈

大禹的妻儿

大禹的爸爸

圣贤与帝王

周公辅成王

周公，姓姬，名旦，西周初重要政治家，周文王的儿子，周武王的弟弟，周成王的叔叔。

周公

成王

召公

周公辅成王
山东嘉祥纸坊镇出土

周公先随周文王开疆拓土，后助武王灭商，立下大功；武王死后，便辅佐年幼的成王。

因为周公要留下辅佐成王，让自己的儿子回到鲁国做国君。

临行前周公特地叮嘱儿子伯禽："就算是我这样的身份，在我洗头或者吃饭的时候有人来见，我也会拧干头发、吐掉嘴里的饭去接见的，所以你可不能因为自己是国君，态度就傲慢了！"

父亲请放心！

伯禽

但辅政并不容易，周公遭到了自己兄弟的反对，他们联合武庚和东方夷族起兵反叛。于是周公率军东征讨伐，平定了叛乱。成年后的成王也曾误会过周公掌政，但周公依然忠心辅政，好在最后误会解除了。但周公一天天老去，他担心成王治理国家会有懈怠，于是便写了许多文章告诫成王，以便成王更好地管理天下。

周公主张明德慎罚，即多行恩惠，少用刑罚。

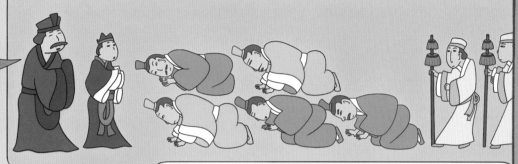

周公辅成王
江苏邳州庞口村出土

华盖 帝王或贵官所用的伞形遮蔽物，属于仪仗之类，代表着高贵与尊严。

周公辅成王
山东嘉祥宋山村出土

"周公辅成王"题材的汉画像石中至少两人，其中成王身材矮小，旁边会有一人为其打着一把华盖。

哼！我才不是身材矮小，我还只是个孩子。

孔子见老子

胜人者有力，自胜者强。
——《道德经》

东汉时期的画像石上，孔子见老子的画面很多，这代表了儒家学派与道家学派的交流与沟通。即使两者观点不同，但仍然有相互可取的地方。

祸兮，福之所倚；福兮，祸之所伏。
——《道德经》

有朋自远方来，不亦乐乎？
——《论语》

仁者不忧，知者不惑，勇者不惧。
——《论语》

天下万物生于有，有生于无。
——《道德经》

君子和而不同，小人同而不和。
——《论语》

孔子见老子
山东嘉祥齐山村出土

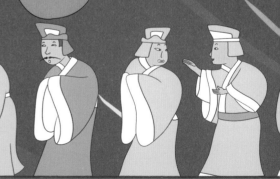

汉画像石里的历史故事

春秋时期

道

两种思想的交流

老子
姓李名耳，字聃（dān）。
道家创始人。

孔子
名丘，字仲尼，
儒家创始人。

老子

孔子

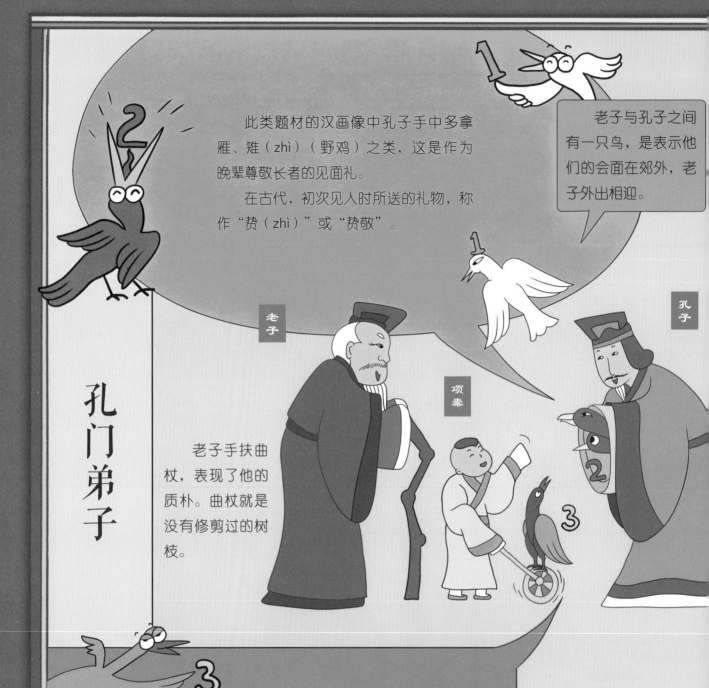

此类题材的汉画像中孔子手中多拿雁、雉（zhì）（野鸡）之类，这是作为晚辈尊敬长者的见面礼。

在古代，初次见人时所送的礼物，称作"贽（zhì）"或"贽敬"。

老子与孔子之间有一只鸟，是表示他们的会面在郊外，老子外出相迎。

孔门弟子

老子手扶曲杖，表现了他的质朴。曲杖就是没有修剪过的树枝。

老子

项橐

孔子

孔子和老子见面时，中间经常会有一个小孩儿，推测说是七岁的神童项橐（tuó）。他右手推着当时的玩具车——鸠（jiū）车，左手抬起，好像在说着什么。

汉画像石上刻的孔门弟子多是并列成行、人数不等，并且有榜题的不多，即使有也多是颜回和子路。《太平御览》引《庄子》（今本无）注："老子见孔子，从弟子五人。……子路，勇且多力；其次子贡为智，曾子为孝，颜回为仁，子张为武。"

孔子见老子
山东嘉祥宋山村出土

子路

子贡

曾子

子路

颜回

子路：
名仲由。

子张

子路比孔子小9岁，性急好勇，从平时的装扮就能看出他的这一性格特征："冠雄鸡，佩豭（jiā）豚。"即戴雄鸡形的帽子，佩野猪形的饰物。雄鸡、野猪皆好斗，在古代以冠带象其形，以此体现了他好勇的性格。

击磬于卫
山东嘉祥出土

《论语·宪问》：子击磬于卫，有荷蒉（kuì）而过孔氏之门者，曰："有心哉，击磬乎！"既而曰："鄙哉，硁（kēng）硁乎！莫己知也，斯己而已矣。深则厉，浅则揭（qì）。"子曰："果哉！末之难矣。"

孔子击磬

孔子提出："兴于诗，立于礼，成于乐。"

孔子学说以"仁"为本。

生活的点滴凝结成艺术，而艺术又可以抚慰人心。

荷蒉：背着草筐。

一天，孔子在卫国击磬，一个背着草筐的人路过，他从磬声中听出了孔子的心声。

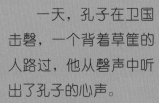
人生就像过河

深则厉

浅则揭

水深就穿衣服蹚着过去呗，反正都会湿，躲也躲不过去。如果水浅，那就把衣服撩起来走过去。

有什么好烦心的，别人不理解你，你就好好过自己的生活不就好了。

俗了，俗了！

唉～

孔子未尝不知道避世就可以没有这些烦恼，但他希望能够为老百姓做些事，便不得不面对这些烦恼，所以只能通过击磬来表达自己的落寞。

经学之争

古文经 用先秦古文字书写，由汉代学者加以训释的儒家经典。

西汉时，在孔子家的墙壁里发现了大量的古文经书，这也就是常说的"孔壁古文"。

为加强统治，传说秦始皇曾下令焚烧六国的史书和民间所藏的儒家经典及诸子书籍。

秦始皇

春秋　　　　　　　　　　战国

公元前 770 年　　　　　　　　　　公元前 476 年　公元前 475 年　　　　　公元前 221 年

引起古今之争的是西汉末年的刘歆（xīn）。他建议把古文经也加入学习范围。

以前的学习内容。

今文经

刘歆

我建议古文经也加入学校教材。

我只支持今文经！

读经辩论
山东临沂白庄出土

春秋

战国

公元前 770 年　　　　　公元前 476 年　公元前 475 年　　　　公元前 221 年

古今文经学之争，根源就是各自所拿到的经书版本不同，从而引起的一种分歧。

这种争辩一直持续到东汉末年，今文经学与古文经学慢慢有了融合。

	西汉	东汉
公元前 206 年	公元 25 年	公元 220 年

鼎

欲得天下，必得九鼎。

冶炼青铜，铸造器物，这代表了当时最先进的科学技术和最高的生产力。

鼎的使用有着严格的制度：

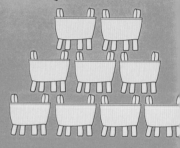

天子九鼎，诸侯七鼎，大夫五鼎，元士三鼎。

泗 [sì] 水升鼎

泗水：古水名。源出山东泗水县，因四源并发而得名。

鼎代表着权力和等级。传说秦始皇在彭城（治今江苏徐州）的泗水中捞鼎，为的是找回"飞"走的一只鼎，以凑齐象征九州的九鼎，目的是在舆论上巩固自己的地位。

九鼎分别代表了古代的九州

扬州

徐州

青州

兖州

豫州

荆州

雍州

梁州

冀州

秦始皇

泗水升鼎
江苏徐州贾汪出土

据民间传说，后来鼎是找到了，但在捞鼎的过程中，忽然从鼎中伸出一龙头，咬断了拉鼎的绳子。于是，鼎又落入水中不见了。

秦王取鼎
四川江安出土

燕王

荆轲刺秦王

在秦国统一六国之前，燕国正面临被秦军逼境的危险，燕国太子丹便派荆轲入秦刺杀秦王嬴政。

刺杀秦王的任务交给你了。

荆轲

督亢地图和秦国逃亡将军樊於（wū）期（jī）的脑袋，这两样都是秦王最感兴趣的，作为此次进献秦王的礼物。我把匕首藏在督亢的地图中，伺机刺杀秦王。

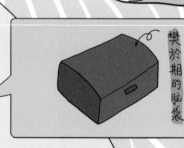

樊於期的脑袋

最富区域的地图

秦舞阳

荆轲

荆轲与助手秦舞阳到了秦国。

献图时，荆轲将地图徐徐打开，当匕首露出时，荆轲拿起匕首向秦王刺去。

救命呀！

秦始皇

秦王吓得连忙向外逃跑，边跑边拔身上的剑，准备反击。

秦王拔出剑向荆轲刺了过去，这一下伤到了荆轲的要害。

别拦我！

秦舞阳

这时秦王的随从医官冲了上去，把他捧着的药囊掷向荆轲。荆轲眼看自己的刺杀计划就要失败，命不久矣，便用最后的力气把匕首投向了秦王，可惜匕首被柱子挡住了，秦王因此保住了性命。

荆轲刺秦王
山东嘉祥武氏祠出土

几年后，燕国最终
还是被秦国所灭。

刘邦斩蛇

逐捕盗贼

开闭扫除

秦朝时期的刘邦，还只是一个泗水亭长。

一次，刘邦在路上押送犯人，但很多犯人在路途中都逃跑了。刘邦知道自己最终也会因为失职被处死，便把剩下的犯人都放走了，但有十余人愿意跟随他。从此，刘邦带领他们走上了推翻秦王朝的道路。

横竖都是一死，不如你们就都走吧！

我们几个愿意追随您！

一日夜晚，正在赶路的他们遇到了一条大蛇。

刘邦设计的刘氏冠。

刘邦

趁没被发现，我们快逃！

高祖斩蛇
河南唐河南关汉墓出土

刘邦举兵围鲁
山东临沂吴白庄汉墓出土

刘邦借着酒劲，举起宝刀将大蛇斩成了两段。

相传在秦朝末年，刘邦带兵围攻鲁国旧地时，
城中的文人书生不被眼前的兵荒马乱所扰，依然在
聚精会神地捧书诵读。

文化的力量

红草坡

白蛇的鲜血把这里染成了红色，后来这里便被称为"红草坡"。

> 刘邦好勇猛呀！我们追随他是正确的！

正是刘邦斩蛇的勇猛，坚定了大家追随他的决心。他们拥立刘邦为沛公，最终刘邦真的成了汉代的开国君主！

后世的文房四宝

砚　笔

纸　墨

书生的装备

自从汉武帝独尊儒术后，全国各地出现了大量学习儒学的人，下图就是汉朝上课的一个经典场景。

讲学图
四川成都出土（画像砖）

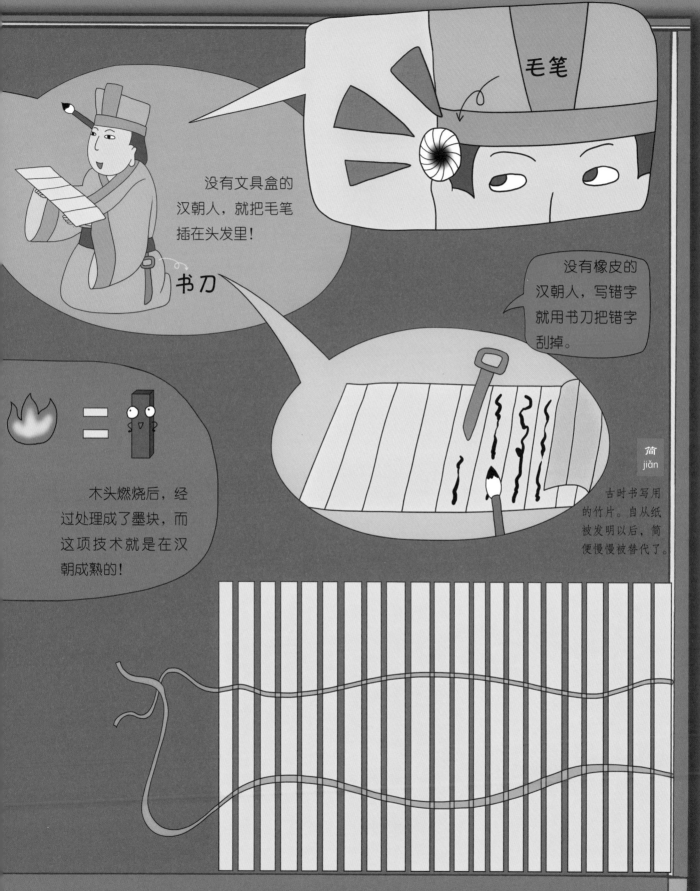

善以示后

　　无论什么时代，不管是什么人都需要有一定的道德规范来约束。

　　那些忠臣孝子的故事，都是人们心中的好人善事，因此会被后世当作楷模，广为传颂，希望把这些美德继续发扬光大，并世代传续下去。

灵公观剑

春秋时期，晋灵公荒淫无道，敛财无数，百姓苦不堪言。

这次上交的钱太少了！

晋灵公：春秋时期晋国国君。

哈哈哈！
快看他们的狼狈样！

痛死了！
快跑！

晋灵公

赵盾

晋灵公喜欢在高台上用弹弓射路人，看他们惊慌逃窜的样子。

您身为一国之君，不能这样胡闹！

不听！

不听！

不听！

赵盾

春秋时晋国人。晋襄公七年（前621年）为中军帅，掌握国政。

岂有此理，赵盾你凭什么管我！

烦死了！

我是为您好……

我有一个主意！

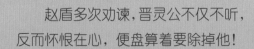

赵盾多次劝谏，晋灵公不仅不听，反而怀恨在心，便盘算着要除掉他！

为了除掉赵盾，晋灵公先在宫中埋伏好甲士，然后假意请赵盾喝酒，以便席间动手。

赵盾，听说你的佩剑很是精美，可否让我欣赏一番？

当然可以！

住手！

就在赵盾准备拔剑时，远处传来了呵斥的声音！

赵盾

灵公观剑
山东沂南北寨村出土

赵盾！你干吗呢！怎么能在主君面前拔剑呢？

祁弥明

晋灵公起初是想诱导赵盾在自己面前拔剑，以便定他个弑君的罪名。但祁（qí）弥明的出现，让赵盾突然意识到情况不对，便连忙起身要逃。

獒扑赵盾（图版水平翻转）
山东嘉祥出土

灵公观剑
山东沂南北寨村出土

明！

我的脚怎么离地了？你是谁？要带我去哪儿？

突然，一位神秘人出现，并把赵盾救走了。他究竟是谁？

神秘的保护者！

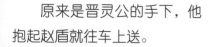

原来是晋灵公的手下，他
抱起赵盾就往车上送。

桑下饿人

感谢壮士相救！但
是我们素不相识，你为
什么会救我呢？

因为多年前，我在
大桑树下差点饿死，是
您给了我食物，让我得
以续命。

桑下饿人
山东嘉祥武氏祠

赵盾

这是年轻时候的我。

敢问这位壮士的姓名是什么？

我只是您帮助过的一个小辈，您何必在意我的姓名，您注意安全！

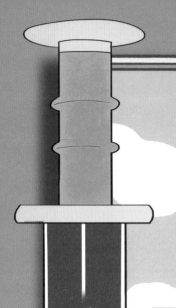

季札 [zhá] 挂剑

吴国铸造的剑果然名不虚传，我好喜欢！

等我回来，一定把剑送给你。

春秋战国时期，季札代表自己国家到各国访问，路过徐国，遇到徐国君主，两人交谈非常投机。徐君不仅非常尊崇季札，还很喜欢他所佩戴的宝剑。徐君虽未开口，但季札已经看出徐君对他的宝剑是非常喜爱的。但季札出使的任务还没有完成，是不能不佩剑的，不过季札心里已经默认要将自己的宝剑相赠。

徐君

汉画像石里的历史故事

古代社交活动中，男子大多都要佩剑或佩刀，这既展现了威武的气概，也是一种身份的象征。

遗憾的是，当季札出使任务完成归来时，徐君已经去世。季札伤心地到墓地祭奠徐君，并解下了自己的宝剑，挂在坟墓边的树上，以兑现自己心中的承诺。

季札挂剑
山东嘉祥武氏祠

徐君已经去世了，您把剑送给谁呢？

我当时内心早已把剑送给徐君，又怎能因为变故就背弃自己的承诺呢！

季札

义浆羊公

羊公

羊公免费施粥饭

羊公曾经坚持三年为路上的行人提供免费的粥饭。

义浆羊公（图版水平翻转）
山东嘉祥武梁祠

动物的出现，代表大家都身处室外。

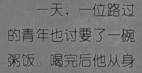

一天，一位路过的青年也讨要了一碗粥饭。喝完后他从身上取出了一包石子，递给了羊公。

好饿，可否给我一碗粥饭。

想喝几碗都行！

如果你把这些石子种在土里，便可以长出很多玉石。

美满的家庭
＋
成了大臣

玉石树

对此事半信半疑的羊公真的把石子种了下去。第二年果然长出了玉石树，结了许多玉石。

羊公因为自己的善心，生活变得越来越好。后来他不仅做了天子近臣，还有了美满的家庭。这便是汉画像石中刻画的好人有好报的故事。

跪乳之恩

百善孝为先，汉代非常重视孝道，所以在汉画像石中刻画了很多有关"孝"的画面。

下方的《孝子赵荀（xún）》图，刻画的是田间劳作的儿子与年迈的父亲开心地聊家常的场景，虽然平凡，却是这世间最温馨的一幕。

孝子赵荀
山东泰安出土

赵荀

为什么会用"羊"代指"孝"

生活中小羊每次吃奶都是跪着吃，就像是在感激妈妈的哺乳之恩。这便是成语"跪乳之恩"的由来。所以，羊便成了"孝"的代表。

谢谢妈妈！

跪～

柏榆伤亲
山东嘉祥武梁祠

榆母

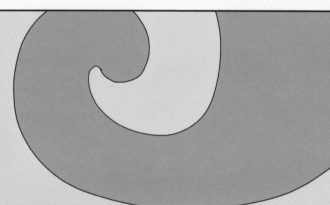

过去打得痛，说明母亲身强力大；现在打得不痛了，才意识到您已衰老。

韩柏榆

韩柏榆（yú）从小一做错事，母亲便打他，但他都不哭。直到他长大后，在一次挨打时，他突然发现母亲打自己打得不痛了，才意识到母亲已老，便痛哭不止。

汉代选官实行察举制。由公卿、列侯、刺史及郡国守相等推举人才，主要有岁举和诏举。其中岁举由刺史、郡国守相察举孝廉及秀（茂）才等。想要做官，首先就要孝顺父母。汉代人把马、猴、雀当作"吉祥三宝"，是为了寄托自己的人生理想。

为什么是这三种动物呢？因为，有马能驰骋疆场；猴、雀同"侯""爵"谐音，取一个美好的寓意。

他们的愿望

表面射的是雀，实际上隐喻的是射猎"功名"。

女黄牵马图
山东微山两城出土

希望我的弟弟长卿和伯昌今年可以谋求到功名。

女黄

扁鹊与仓公

针灸、理疗了解一下呀!

扁鹊

神医扁鹊
山东济南大观园

扁鹊姓秦,名越人,是战国时期著名的医学家。

神医扁鹊
山东微山两城出土

在古人心中,好人做好事可以成神,神为了帮助人也可以变成人。所以汉朝人会把扁鹊幻想成一只能带来吉兆的喜鹊。

仓公姓淳于，名意，是西汉时期著名的医学家。

名医仓公
山东济南大观园

仓公

扁鹊和仓公两人虽然年代相距较远，但他俩经常会一起出现在文献或者汉画像石中，可能是因为汉代人什么都喜欢凑一对的关系吧。

闻
听声音

望
观气色

问
问症状

摸脉象
切

中医诊断疾病的四种基本方法。

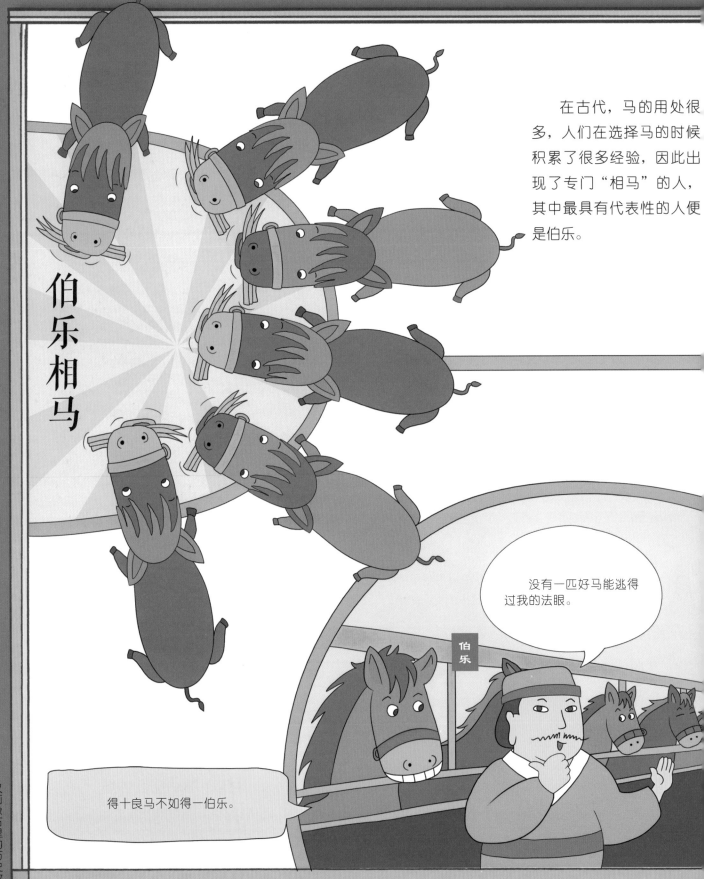

伯乐相马

在古代，马的用处很多，人们在选择马的时候积累了很多经验，因此出现了专门"相马"的人，其中最具有代表性的人便是伯乐。

没有一匹好马能逃得过我的法眼。

伯乐

得十良马不如得一伯乐。

汉画像石里的历史故事

相马的标准：

三、看马跑得快慢、耐力、弹跳力等方面。

四、看全身肌肉生长发育是否匀称结实。

二、看血统。

> 走开！你不是我们这个血统的！

> 走开！这么排外吗？

一、看牙齿，可以看出马的年龄。

> 我很年轻！

伯乐相马
江苏徐州栖山汉墓出土

俗话说："千里马常有，而伯乐不常有。"
这世上人才很多，善于发现别人优点，并且可以合理使用人才的人才是真正有能力者。

恶以诫世

除了好事会被大家歌颂，坏人与恶事也会被永远记住，这些故事的存在为的是让后人引以为戒，当作教训。

夏桀，夏朝最后一位君主。他文武双全，本应该成为造福天下、普济苍生的君主，没想到在成为君王之后竟成为天下的公害。

暴君夏桀

[jié]

戈

夏桀

残暴无道

苍天拥有太阳，就好像朕拥有天下之有日，就吾之有

荒淫无度

人辇
niǎn

亲小人远贤臣

夏桀
山东嘉祥武梁祠画像石

夏朝共有17位君王，始于大禹，灭于夏桀。正是夏桀的荒淫无度、残暴无道加快了夏朝的灭亡，他也因此有了遗臭万年的骂名。

气死我了，我们辛苦建立的王朝，最后毁在了这个不孝子孙的手中。

大禹

时日曷(hé)丧，予及汝皆亡。

太阳快点灭亡吧！我们愿意与你一同归于尽！

的会灭亡吗？太阳灭亡我才能死去！

有亡哉？日亡吾亦亡矣。

夏桀的残暴行为，使得百姓们苦不堪言。众人对夏桀的怨恨已经到了极限。

曾子

曾子为春秋时期鲁国人，名参，字子舆。

就是这样一位品格优秀的人，在他少年时还有这样一个小故事。

曾子是孔子的学生，被尊为"宗圣"，相传是他编写了儒家经典《大学》。

孔子

曾母投杼

[zhù]

投：扔掉。杼：织布的梭子。

曾参为了照顾年老的父母，辞去大官，回到家乡。

故事其实与曾子无关，故事的主人公是一个与曾子同名的人。

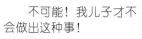

不可能！我儿子才不会做出这种事！

出大事了，曾参杀人了！

曾母投杼
山东嘉祥武梁祠画像石

出大事了，曾参杀人了！

不可能！我不相信！

什么！难道真的是我儿子杀人了？

出大事了，曾参杀人了！

流言可畏

曾参的母亲听到"曾参杀人"的传闻后，哪怕开始不相信，但听得多了，便也信以为真。这便是我们常说的流言可畏。

怎么办！我儿子真的杀了人！

曾母

恶以诫世

辟除五毒

在古代，蛇害比较严重。每年的五月开始进入炎热闷湿的夏季，各种毒虫出没室内，影响人们的身体健康及生活起居，所以要采取驱毒措施。

五毒一般是
指蛇、蝎、蜈蚣、
蟾蜍、壁虎。

端午节，天气热，五毒醒，不安宁。

于可以出洞了！

除毒害
山东嘉祥武氏祠画像石

以史为镜

历史是一面镜子，它可以照见各种事物。

汉画像石中的历史故事很多，受所处时代的影响，每个历史时期都有人们喜欢的人或事，也有人们憎恶的人或事。

最后，我们会发现，其实世上许多事物都是有两面性的，没有绝对的善，也没有绝对的恶。

二桃杀三士

二桃杀三士
河南南阳出土

公孙接

我的功劳大,
这桃应该属于我。

田开疆

古冶子

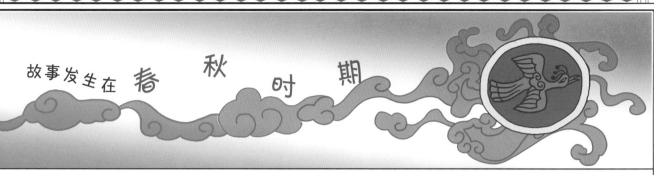

故事发生在 春 秋 时 期

嘿!

是我!

嘿!让我们比比谁的力气大。

公孙接、田开疆、古冶子是齐国三位有名的勇士,力大无穷,并且都效忠于齐景公。

汉代是非常重视徒手相搏的,因为这不仅体现了阳刚之美,还是英雄的象征。

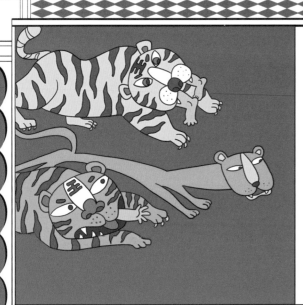

打虎英雄组合

后来他们凭借勇猛打虎而闻名，深受大家的拥护。

我最强！

比我们弱的我们都看不见。

他们感觉自己成了世界上最勇猛的人，变得越来越膨胀。

我是晏婴，你们的领导。

快当作没看见。

这么目无尊长，简直岂有此理！

越来越骄傲的三人，总是目中无人。齐国大夫晏婴对此非常不满。

那三位勇士不懂长幼之礼，只会窝里横，长此以往会有隐患，不如除掉他们。

这三人力气很大，恐怕捉也捉不住，刺杀也刺不中。

这……

晏婴向齐景公进谏，提出了处理三人的办法。

晏婴知道他们三人的弱点，抓住他们争强好胜的心理，用两个桃子让他们自己内讧（hòng）。

公孙接首先跳了出来，说自己当年徒手打死过猛兽，绝对有资格吃桃子。

当公孙接要去拿桃子的时候，田开疆制止了他。

你只是打猛兽，我可是打过胜仗的。

田开疆说："我率领过军队两次打败敌军。"

不好！

咳咳！我还没说……

我曾经同君王渡河……

当公孙接和田开疆拿起桃子要吃的时候，古冶子说起了当年勇事。

古冶子

救命！

靠你了！

这还是我第一次游泳。

古冶子说："我曾经不顾生死，跳入河中，从大鳖口中救出君主的骏马。"

论勇敢与功劳我们都不如他。可是我们却把桃子先占为己有了。

真正立大功的人却一无所有，这暴露了我们的贪婪、无耻。

没事，没事。

啊！

啊！

公孙接和田开疆听后自愧不如，送还了桃子。这两个自恃甚高的人把自己的荣誉看得比生命还重要，此时自觉做了亏心事，羞愧难当，于是立刻拔出宝剑自刎而死。

汉画像石里的历史故事

古冶子回过神来，发现两人都死了，大惊之余也开始痛悔："他们死了，我却还活着，这是不仁；我用话语吹捧自己，羞辱朋友，这是不义；觉得自己做了错事，感到悔恨，却又不敢去死，这是无勇。"于是他也自刎而死。

景公的使者回复说："他们三个人都死了。"景公派人给他们穿好衣服，放进棺材，按照勇士的礼仪埋葬了他们。

管仲射齐桓公

管仲射齐桓公
山东嘉祥武氏祠

鲍叔牙

管仲

作为老师的我们，一定要辅佐好两位公子。

齐桓公

春秋时齐国君。姜姓，名小白。

公子纠

齐桓公的哥哥。

汉画像石里的历史故事

管仲与鲍叔牙从小就在一起玩。鲍叔牙家境殷实，管仲因家道中落，比较穷一些，但他们从小到大都是很好的朋友。

仲弟，我来出钱，一起做点小生意吧。

好啊，牙兄。

好的，仲弟。

牙兄，这是我们的生意挣的分成。

主人，管仲也太爱占小便宜了。

管仲家里等着用钱，是我乐意多分给他的。

青年时，鲍叔牙出钱与管仲一起做生意，赚的钱管仲还会多分一些。鲍叔牙的侍从都看不下去，说管仲太爱占小便宜，而鲍叔牙说："管仲家里等着用钱，是我乐意多分给他的。"

冲

冲！

……

危险！撤！

还冲吗？

？？？

？？？

直接撤！

……

娘，我只是出去几日。

管仲就是个胆小鬼！

管仲带兵打仗三战三败，有人说他贪生怕死，鲍叔牙为他解释说："因为他妈妈年纪大了而且多病，管仲不能不活着回去侍奉她。"

当时齐国的国君是齐襄公，他有两个弟弟，一个是公子纠，一个是公子小白。管仲是公子纠的老师，鲍叔牙是公子小白的老师。

但因为齐襄公荒淫无道，两位公子分别与自己的老师逃离了齐国。

后来齐襄公被杀，齐国大臣要去鲁国把公子纠接回来。

齐国要派人接公子纠回去做君王。

那我要亲自护送外甥回齐国做国君。

公子小白要是先到就难办了，我先带人马去拦截他们。

还是老师想得周全，那我们就兵分两路。

鲁国国君听说自己外甥要做齐国国君后非常开心，要亲自带兵护送公子纠回国。管仲怕公子小白先回到齐国夺了王位，便请求自己先带一批人马去挡住他们。

管仲立刻带队启程，希望提前埋伏在莒国到齐国的道路上，挡住公子小白。

公子，希望您不要去齐国抢夺王位。

不要挡我的路。

那就别怪我不客气了。

管仲果然在路上遇到了公子小白的队伍，他劝公子小白不要回去，但是没有说服公子小白，于是便起了杀心。

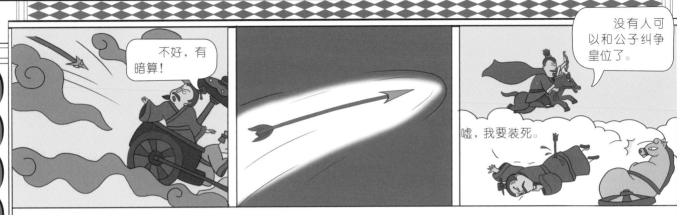

公子小白被射中，他顺势而倒，成功装死骗过了管仲。公子纠以为再也没有人与自己争夺王位了，便悠游自在地返回齐国。

谁知当公子纠他们到达齐国时，公子小白已经抢先到达，继承了王位。

鲁国与齐国发生了一场战争，齐国胜利，公子纠死于鲁国，管仲被押送回齐国。

汉画像石里的历史故事

当管仲被押到齐国都城临淄时，鲍叔牙早已在路边迎接他，并向齐桓公推荐管仲为卿，自己做他的副手。开始齐桓公还念念不忘"一箭之仇"，不肯重用，但他非常相信自己老师的判断，便封管仲为卿。

事实证明，齐国靠管仲的治理强大起来了。齐桓公拜管仲为"仲父"。管仲曾感叹道："生我者父母，知我者鲍叔也！"

成语"管鲍之交"便是形容朋友之间交情深厚、彼此信任。

以史为镜

完璧归赵

蔺相如完璧归赵
山东嘉祥武梁祠

如果您逼我，我就与玉璧一同撞向柱子！

秦昭王

蔺相如

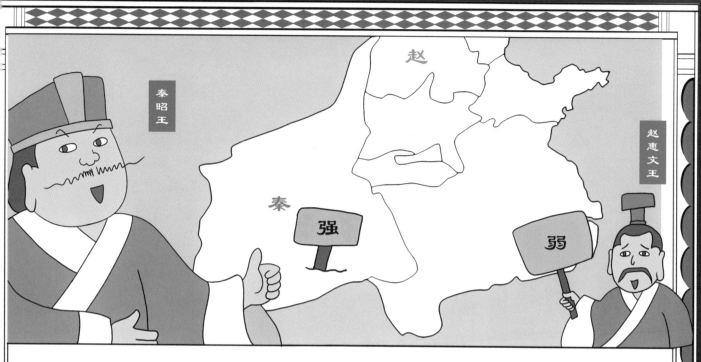

战国时期，秦国势力强大。秦昭王听说赵惠文王得到了一块价值连城的和氏璧，便派人去赵国求璧。

我想用 15 座城池，去交换赵王手中的和氏璧。

赵惠文王不敢拒绝秦王，但又怕秦国食言，纠结万分。

于是，赵惠文王便派蔺相如带着和氏璧前往秦国。

这玉璧简直太完美了！

秦昭王召见了蔺相如。拿到玉璧的秦昭王，简直爱不释手。

秦王一直没有提及城池的事情，我得想个办法。

大王，玉璧有处瑕疵，我来给您指出。

但蔺相如发现秦昭王并无意兑现诺言，便心生一计。

蔺相如想办法先把玉璧拿回自己手中。

拿回和氏璧的蔺相如，以死相逼。

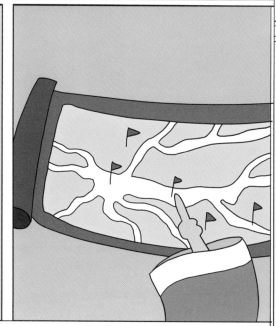

吓得秦王连忙打开地图，展示相赠的城池。

送璧之前，赵王斋戒了五日。您若是诚心，也得斋戒五日，并安排大典，我才能把玉璧献给您。

五天后……

但蔺相如并不放心，想了一个缓兵之计，并把玉璧偷偷送回了赵国。

五日后，仪式如期举行，但秦王听说和氏璧早已送回赵国，他刚要发怒……

秦强赵弱，如果秦王您兑现承诺，先割让这15座城池，赵国怎么敢留着和氏璧，而得罪您呢？

哎，好吧。

秦昭王听了蔺相如的说法，心想，就算杀了他，我也得不到和氏璧，反而两国关系还会恶化。便先把蔺相如放回了赵国。

蔺相如回到了赵国。

完璧归赵

比喻把物品完好地归还给物品的主人。

赏！

此次出使秦国，蔺相如能做到不辱使命。赵王认为蔺相如绝对是
一位有德行、有才能的贤臣，于是封蔺相如为上大夫。

附录——汉画小课堂

两汉时期的汉画像石分布相当广，其覆盖面积约占大半个中国。如今为了更好地研究它，考古学家便按照汉画像石分布的密集程度，将它的分布区域大致划分为五部分。其中第一和第二分布区是汉画像石的发源地。

第三分布区

第二分布区

第四分布区

汉画像石制作之前，需要开采和搬运石料。

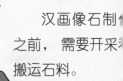

第一分布区

指山东省全境、江苏省中北部、安徽省北部、河南省东部和河北省东南部的广大区域。这个区域是地域最广阔、汉画像石分布最密集的分布区。

第二分布区

指以河南省南阳市为中心的河南省西南部和湖北省北部地区。这里汉画像石的出现时间可以上溯到西汉中晚期之交，是汉画像石最重要的发祥地之一。

第三分布区

指陕西省北部和山西省西部地区。这里的画像石有独特的地方特色。

善以示后　恶以诫世

祠堂

一分布区

汉画像石起初并不是一块一块独立的作品，而是汉代艺人雕刻在祠堂、墓室、门阙和棺椁上的石刻艺术品。

除了这五个分布区，在北京市，天津市的武清，甘肃省的成县，江苏省的镇江、苏州，浙江省的海宁等地也发现了少量汉画像石。

第四分布区	第五分布区
指四川省全境和云南北部地区。这里的画像石到东汉早中期之后开始出现。	指河南省洛阳市周围地区。该区位于其他四个分布区的中间。其汉画像石具有一定数量，但没有自身的地方特色。